Lágrimas
y
Suspiros

Lágrimas

y

Suspiros

Samuel Murcia Cárcamo

Para pedidos de copias adicionales de este libro, por favor contacte con:
Palibrio
1663 Liberty Drive
Suite 200
Bloomington, IN 47403
Llamadas desde los EE.UU. 877.407.5847
Llamadas internacionales +1.812.671.9757
Fax: +1.812.355.1576
ventas@palibrio.com
400370

Índice

Agradecimiento

Agradezco primero a Dios por el talento prestado.
A mi hermana Ester Murcia por su apoyo incondicional.
A mi novia, la señora Kenssy P. Figueroa, por su coolaboración en el área de relaciones públicas.
A mis familiares, que soportaron mi ausencia durante el desarrollo del proyecto.
A mis amigos por sus comentarios y críticas constructivas, sus palabras de apoyo y sugerencias.

Un agradecimiento enorme y especial a:

SALA DE MASAJES Y ESTÉTICA ESTER San Pedro Sula, Honduras. tel. 967 167 14

SALA DE MASAJES SILUETA IDEAL La Ceiba, Honduras. Tel. 976 915 11

BONGOS SPORT CAFE 6253 Bissonet Houston, TX. 77081

HAIR BY SANDRA AND NATALIA 429 Sawdust RD. Spring, TX. 77380 tel. 832 567 4596, 832 515 4911

RESTAURANTE TÍPICOS DE HONDURAS 2017 N. Frazier ST. Suite G-14 Conroe TX. 77301 tel. 936 539 5900

TIENDA TXORO AND SOAD FASHION. 7400 Harwin Dr. suite #212 Houston, Texas. 77036 Tel. 281 706 5324

Dedicado a ustedes

MIS AMIGOS

En base a lo vivido desde que tenemos uso de razón, nuestro subconsciente es una biblioteca.

En nuestro circulo de amistad, ustedes y yo comentamos de lo que sea que nuestro estado de ánimo nos provoque decir.

Yo hago tiempo para reflexionar y considerar de forma detenida la diferencia entre lo productivo, y lo esencial, aceptando sugerencias.

Incluso consejos involuntarios de todos ustedes, de cada palabra articulada.

Le agrego lo que tomo de sus fotos antiguas y modernas, solos o con sus parejas, comiendo o disfrutando nuestras experiencias en la playa, o en la discoteca, el club o el bar.

Incluyendo sus maquillajes, uñas, pies manos y todo lo que abarca en cuanto a imagen.

Me refiero a ustedes como un amigo y confidente, lo cual ha servido para escucharles en sus situaciones personales, lo mezclo con mis experiencias vividas.

Agrego fantasías no cumplidas y sueños no realizados.

Tengo los recuerdos con personas que amo y me aman, admiro y me admiran, los traigo a nivel consciente, utilizo el talento prestado por Dios.

Me apoyo del clima, y ambiente externo y los convierto en poemas, canciones y cartas de amor, para que te sientas identificado como todo lector, ya que muchos hemos logrado vivir tal experiencia.

Es por eso que hoy les digo gracias, muchísimas gracias por estar en mi circulo de amistad, porque también estás en mi mente y en mi corazón, por eso les dedico esta obra.

Los quiero a todos, sin importar raza, credo o religión.

Otra vez GRACIAS, sin ustedes mi talento estaría en otro lado.

Amiga mía

Amiga mía.

Noté que en la ternura de tus labios hay una fuente de inspiración, y me muero por tomar un beso y hacerlo poesía.

Observé también amiga mía que tienes frio en el alma y yo tengo el deseo de arroparte, darte calor con mi piel de verano y amarte.

Amiga mía, has despertado un grito retenido en mi mente, un grito que anida desde el primer momento que apreté tu pecho contra el mío, en un cordial saludo.

Un grito silencioso de rozarte con mis manos, en un masaje erótico que nos haga los amantes que se extrañan cuando tarda la próxima vez de tomar alma y cuerpo, en una sola sesión de amor.

Hay un olor de mujer en tu existencia que muero por impregnarlo en mi lecho.

Hay un brillo en tu mirada que me pide pasión salvaje y ternura romántica bajo un mismo techo.

Tengo una fantasía creciendo día a día, de entrar en lo prohibido, rozar la gloria substrayendo la quietud de esta soledad que pide una aventura llamada amor.

Vale mas un buen momento de placer, cariño y ternura retenida para amar, que toda una vida sufriendo los estragos de ser ignorado, y abandonado en la cama de otra habitación.

Has venido tomando pétalo por pétalo, de la flor de la posibilidad de tenerte, has deshojado el cuaderno de poesías que tengo en mi mente, lo has logrado en cada palabra articulada y sonrisa con un gesto inédito, único y que quiero descifrarlo, y hacerlo mío.

Te has quedado tatuada en mi pecho desde aquel momento que rocé tu alma en un abrazo de amistad.

Has despertado una primavera en mi alma, que estaba en calma con este frio invierno que me quema, y me deja las ansias de amar.

Ahora me tienes escribiendo tu nombre un millón de veces en las paredes de mi alma, por no haber tomado un beso disimulado que me llevaría a rozar el cielo con la punta de mi pluma y hacer poesías que duren una eternidad.

Ahora solo me queda esperar que con discreción, vengas amiga mía y tomes la pasión de mis letras y las escribas en tu corazón, como escribiremos la fecha en que nos conocimos para que cada palpitar nos sirva como un "tic tac" del reloj que contará el tiempo de nuestra aventura de placer y felicidad, escondidos en un saludo de amistad.

Amor de internet

Ha quedado el pensamiento en libertad y divorciado del resto de mí ser, me tienes clavado el corazón día a día, al escritorio, la computadora y mi silla.

Y mi mente abriendo las puertas de tu recámara, enredándome en tu sábana, y recorriéndote paso a paso en un masaje de erotismo, que te hace vibrar cuando mis manos tibias sobre tu espalda fría sientes, usando la libido como aceite para amarte hasta con los dientes.

Sería para mí, el feliz comienzo del día más perfecto, cuando al levantarme ver tu desnudez servida en mi cama como mi desayuno predilecto.

Me has dado tanto amor y comprensión, por eso soy capaz de sobrevivir después de tragar el amargo veneno de esta soledad.

Conéctate por favor, no renuncies a esta relación, porque sí me dejas ahora no lo soportaría mi corazón, y aunque salga a buscarte, nunca me has dicho donde encontrarte.

No se como lograste hacerme enloquecer porque mi estado de ánimo depende de ti, y me duele desesperadamente que no estés aquí, y mis amigos se burlan de mi tonto corazón, y aunque piense como ellos, no me dan la solución.

Yo solo quiero que tu mirada ilumine mi sendero a la felicidad, pero te imploro caricias, besos y abrazos, de verdad.

Para ti que dicha tan grande es mi pasión constante, porque aún no he perdido la razón al conectarte, porque cuando apareces aún tengo viva la ilusión, y lo más admirable es que todavía me late fuerte el corazón.

Todavía me funciona el corazón para amarte a profundidad, guardaré día a día mi pasión para besarte en la realidad.

Amor en silencio

Me ignoras el sentimiento,
porque no sabes que existe en la profundidad de mi pensamiento.

Pasas desapercibido el sonido de mi suspiro,
porque mi cobardía lo empuja hacia adentro de mi ser,
reteniéndolo en amor desesperado en este amanecer.

Voy a vagar con el corazón destrozado por el pensamiento,
con el dolor de no haberte confesado este sentimiento,
que me hace llorar el corazón cuando te pienso,
y cuando sufro en soledad por este amor en silencio.

Quizá jamás te vuelva a ver
y no pueda decirte todo lo que pudo ser
este gran amor que viene quemándome alma,
pero algo si es seguro,
que cuando ya me porte como un hombre maduro,
y pueda desafiar el miedo al rechazo,
estarás leyendo estas letras dictadas por el corazón, escrito con
lágrimas de hombre.

Y me llamarás cobarde, pero he de arrancarte un suspiro con esta
inspiración, y te dolerá el corazón, tanto que me buscarás en cada
poesía donde tengo tu nombre oculto.

Y sabrás que te amo con todo el amor proveniente de un hombre,
y también sabrás que hasta el último latido de mi corazón llevó tu
nombre

Amor prohibido

Tu melodiosa voz del otro lado del teléfono, es la más dulce canción a mis sentidos.

Canción de amor que arrulla mi intrépido sueño prohibido, buscándote en la profundidad de mis fantasías de lo que aun no había vivido.

Más soy feliz, así como hoy, que sobrevivo a la pasión, cuando yace mi cuerpo inerte sobre el tuyo, aun húmedo, víctima de la deliciosa ráfaga de movimientos furtivos, provocados desde antaño en fantasías incumplidas, e invocados de mutuo acuerdo a nuestras vidas.

Encerrándonos en una burbuja de amor secreto, donde solo caben nuestras almas y nuestras ansias de amar y ser amado, sometiendo el corazón, a que no siga enfrascado a la razón, involucrándolo en abrazos y besos furtivos, enredados en este dulce amor prohibido.

Azteca y caribeño

Quiero bailar un ritmo que traiga mi pasión por el Caribe, una canción que se apegue a mis fantasías de eterno romántico.

Quiero hacerlo acompañado de la sombra de tu desnudez, donde solo se vea el brillo de tus ojos color miel.

Quiero llegar al clímax con éxito teniendo la piel húmeda por la ráfaga de movimientos inéditos, inventados solo para esa noche que me tiene soñando.

Y no creas que es desde que aparecí en tu vida, sino desde que apareciste tú en la mía, que es hace mucho tiempo, y algún día te explicaré donde estaba escondido solo viéndote pasar.

Estuve diseñando una fantasía llamada amor, la misma fantasía que una vez fue real y tú la enviaste al seno de mi alma en soledad.

Pero seguí aferrado a ser tuyo en una sesión de besos furtivos y movimientos sensuales, objetados en mi guarida adornada de romanticismo, mis velas y mi vino rojo.

Siento que ya soy tuyo desde el momento que tomaste la iniciativa, y recogiste mi orgullo para escribirlo en un saludo de amistad, un escrito que se convertirá en historia de amor y placer, lágrimas y suspiros, sudor y secretos de cama.

India azteca y mulato caribeño, es una mezcla que me tiene con la curiosidad haciendo un carnaval de ritmos y colores en mi mente.

Una cama con colores rojo pasión donde se fundirán la alegría de tu cinco de mayo y mi veintidós del mismo mes, para dejarnos esta habitación al revés y nuestros cuerpos en el lugar perfecto.

Besos sabor a vino rojo

He traicionado mi caballerosidad, y me dejé llevar por el instinto.

Tienes unos labios carnosos sedientos de besos.

Besos que conjugan un verbo inventado por tu seducción de gran mujer y mi falta de amor.

Tan sedientos que me pidieron descaradamente que le fuera infiel a la amistad, y robarme esos besos sabor a vino rojo.

Pero mi mente y mi alma de hombre ya no vuela más de lo real, no somos más que besos sabor a vino rojo.

Besos que imploraron amor y compañía en soledad, pero es mi castigo saber que solo fuimos besos sabor a merlot.

Y tengo celos de tu toalla que acaricia tu piel desnuda, y tengo celos de tu almohada donde aferras tus uñas en una sesión de auto placer al emancipar el deseo retenido que tienes sobre mí.

Yo ya soñaba con tenerte en mis brazos y beberme tu existencia en una sola cita a ciegas.

Ya mi cama estaba llena de sorpresas de erotismo varonil.

Y mi disco de música de saxofón se quedó con las ansias de hacer su debut.

Por más que intente encontrar la llave de tu alma, no hay manera de penetrarla.

Yo se que tú no sabes mucho de mí.

Soy solo un destino terco que insiste en quedarse en el centro de tu feminidad y hacer poesías de besos sabor a merlot, besos de vino rojo que nos lleven a visualizar lo inevitable, y yo no te voy a detener en tu búsqueda del amante perfecto.

Soy solo una piedra sin pulir.

Un humano con sed de tu cuerpo.

Un hombre queriendo entrar en ti, pero igual has apagado el sol como antaño ha sucedido que desechaste la felicidad sin antes catar mis besos sabor a vino rojo.

Bloqueador de sentimiento

¿Que distancia puede haber entre nosotros dos si estamos bajo el mismo cielo?

Ahora mismo estoy provocando mi inspiración para escribir las letras que seducirán nuestro dolor de no conocer de cada uno.

Te estoy extrañando ahora que estoy cerca de contactar con la inercia y lo real, que es parte de tu vida, carne de tu carne.

Me haces muchísima falta.

¿Con que justa razón, voy a gritar a los cuatro vientos lo que siento por ti? Prefiero susurrártelo, con hechos, y cuando al fin veas, que he perseverado amándote, desearás regresar el tiempo, para disfrutar lo discreto de la relación, más no será tarde porque este amor está tatuado con tinta indeleble en mi corazón.

El amor verdadero es como los rayos del sol, le cae a todos pero solo pocos se broncean y lo disfrutan, otros se queman y sufren, pero hay otros que usan bloqueador.

Callejón del barrio

Estoy invitándote a pasear un miércoles de invierno por la noche gris de esta isla sin verano.

Quiero dejar la imaginación haciendo travesuras sobre tu existencia.

Tomemos juntos un helado de chocolate para hacerle honor al tono de nuestras pieles de casta caribeña.

Al comer helado, nos dará frio y entonces será la excusa perfecta para que busquemos juntos el calor de una hoguera humana, y fundirnos en una sola piel, amordazando la soledad y dejándola a la deriva en la isla del recuerdo.

Me tienes inquieto el pensamiento, me obsesiona ser esclavo de tu aroma de mujer.

Eres quien comprende una sola mirada de desesperación disimulada, con las ansias de tenerte en mis brazos, buscando perdernos en una sesión de sentimiento puro.

Entre sollozos de placer, aliento cálido sobre tus pechos, y respiración agitada, está el clon de aquella noche de diciembre que nos hizo pecar por primera vez en nuestras travesuras de mocedad.

Aquella noche donde escondimos nuestra desnudez en el callejón del barrio, el único testigo y fiel amigo que ha guardado nuestro más dulce secreto, un tesoro guardado entre los sueños y las fantasías de eros y venus en versión caribeña.

Piel morena, satisfacción de mis neuronas y provocación de mis hormonas.

Algún día teníamos que satisfacer esta fantasía de niños, que nos llevó a crecer como amigos envueltos en un gran cariño, y llegamos juntos al altar, tu con el y yo con ella.

Y fuimos siguiendo las nubes que ya mejoraron su apariencia, y un arcoíris con colores inventados.

Acéptame la invitación y faltarán palabras para explicarme lo delicioso que sentirás, hablarás sin sentido y viajaras a las constelaciones.

Traerás en tus uñas una estrella que se vino enredada, cuando en el clímax con éxito, te aferrarás a mi espalda como en nuestros recuerdos de aquel callejón del barrio.

Cara de niña

Cara de niña con cuerpo de mujer, has desatado los eslabones que encadenaban la esperanza de ser amado y el anhelo de amar.

Tu sincera amistad es el antídoto de la tristeza de mi madrugada. Eres la luz de la luna llena de esta playa desolada. Esta playa sin verano, con un castillo de ilusiones abandonado en la arena.

Luna llena, condúceme con tu luz al sendero de la felicidad, y guarda este momento en el que me has permitido contemplar tu cara de niña. Guárdalo en el archivo de mi alma y séllalo con un beso que dure una eternidad.

Esta fecha la anoto en el corazón para que cada latido me recuerden tu nombre, y cuente como un tic tac del reloj que llevará los registros de una amistad sincera, encaminada a llevar en el pensamiento, tu cara de niña con cuerpo de mujer, hasta el momento que nuestras almas se griten amor en un simple hola.

Tú entraste a mi vida con un saludo cordial, ahora déjame cultivar esta amistad con devoción, para cosechar y disfrutar el néctar del fruto de un amor puro y sincero, plasmado en un beso real en el día de nuestro anhelado encuentro.

Celos

Siento que un beso apasionado nos está llamando a pecar, a hacer realidad las fantasías, y sueños húmedos de noches frías.

Sentiré celos del sol cuando acaricie tu piel desnuda, en una madrugada indiscreta, que descubre nuestra travesura, relación escondida en las tinieblas de lo prohibido.

Son celos, pero son celos diminutos que vuelan tal cual pajarillo en la primavera de mi alma.

Un poquito de celos, pero soy un hombre maduro que sabe cuidar lo suyo, acariciarla y darle mucha importancia, mis celos me los guardo para no matar la felicidad, soy juguetón y me gusta que jueguen conmigo en la intimidad, que me exploren y me hagan desear el néctar de la manzana que adorna la feminidad.

Me gusta tomarme mi tiempo, para satisfacer a mi pareja, cuando ya lo esté, satisfacerme tomándola con firmeza, con pasión de los pies a la cabeza.

Me gusta escuchar el placer, suena como canción al alma y los sentidos.

Melodía apasionada que me excita cada vez más, para volver a hacerlo con la misma intensidad.

Mis celos son sabrosos y no enfermizos, me gusta el sabor de la reconciliación, y soy discreto, muy discreto.

Nunca.

Jamás, hablo de una dama, mucho menos de una noche de placer, y así me gusta que sea con quien comparto lo prohibido.

Me excita lo escondido, me agrada.

Así soy yo.

Tómame o déjame, pero no me lo digas, podría escucharte Cupido, y no me quiero enamorar, solo envíame una señal, invoca el momento y hazte desear.

Con las alas rotas

Sigue acariciando mi soledad, que mi falta de amor se está satisfaciendo con las letras de tu poesía y la melodía de tu voz del otro lado del teléfono.

Somos como dos pajarillos buscando la misma miel.

Dos gorriones aferrados a volar y llegar al objetivo con las alas rotas.

Somos dos gorriones seduciendo la posibilidad de volar juntos usando las mismas alas.

Dos aves dispuestas a guardar las alas rotas del recuerdo de un amor fugaz, llegar a la miel y sentir el amanecer como el mayor de los milagros divinos.

Jamás dejé que el límite de mi desesperación de ser amado, llegara a rozar mi nido y destruyera la fuente de inspiración.

Voy volando con las alas rotas, mas he puesto en el pozo del olvido mis derrotas.

Hay un viento invocado, soplando a mi favor.

Hay un punto cardinal inventado donde llegaré antes de lo esperado.

Ya tengo todo con tu presencia en mi vida.

Y la belleza de tus ojos como bonificación inmerecida.

Estoy compartiendo mi alegría en voz alta con mi fiel amiga soledad, tengo un concierto de cantante inexperto seduciendo las paredes de la ducha y salgo mostrándole mi desnudez al espejo, y lo único que veo es tu imagen poética detrás del reflejo.

Confesiones

Te dejaron el alma polarizada y hermética, me gustas, y tú no sabes que yo quiero entrar en ella a decorarla.

¿Cómo podría hacerte entender que me estoy enamorando, sí aún no somos amigos, pero siempre te estoy observando?

Es injusto que te siga amando sin que te des cuenta, por eso, recibe las confesiones de mi alma al desnudo, porque mientras mi cobardía te siga viendo como un sueño inalcanzable, mojaré mis deseos de amarte, en lágrimas y soledad.

Y me refugiaré en las letras de mis poesías, que llevan tu nombre oculto, como oculto está mi sentimiento.

Tú crees que nadie podría llegar a amarte, has experimentado fracasos uno tras otro, mientras tu belleza angelical interna me tiene cohibido, y tu hermosura y elegancia me intimidan.

Estoy en este pozo de los sentimientos retenidos, ¿Como hago para que me tomes en cuenta? ¿Como comienzo, si temo romper el hielo con una acción o frase, que debido a tu belleza, estás acostumbrada a escuchar?

Han pasado en soledad varios inviernos en mi vida, como fracasos en tu alma, y yo sigo con mi mente rompiendo la calma.

Ya me cansé de llorar en soledad, quiero tirar la cobardía y salir de este enredo que me hace tanto mal.

Quizá te parezca tonto lo que voy a confesarte.

Eres una madre soltera, y poco a poco he aprendido a amarte, yo te conozco, tu no me conoces, pero para salir de esta encrucijada sentimental; quiero saber si te puedo enviar una señal.

Cuando pienso en ti

Cuando pienso en ti, me invade el sentimiento nostálgico, y si cierro los ojos me visualizo contigo entrando a tu alma.

Intento acomodarme en un rincón del pensamiento de lo que sería nuestro encuentro.

Yo quisiera conocerte y tomarte de la mano, pasear por el cielo y entrar a un cuento de amor.

Yo quiero conocerte y saber cómo besa la más bella de mis musas.

Cuando pienso en tu cara de niña suspiro de ilusión.

Cuando pienso en ti, solo pienso en una noche de amor a la luz de las velas y la música blues.

Cuando pienso en ti el romanticismo me sabe a gloria, con un aroma de esperanza, un aroma que muero por tenerlo en mi cama.

Toma el teléfono y llámame, hazme una cita a ciegas e invítame al firmamento, y regálame una noche de pasión y lujuria, romanticismo y amor, no te niegues a probar de la dulzura que traigo impregnada en mi piel dormida.

Despiértame del sueño en que quedé desde el momento que formaste parte de mis neuronas y torrente sanguíneo, haciéndolo realidad en una sola noche, sellándola con un beso que dure una eternidad.

Por favor.

De enero a diciembre

Perdona que llegara sin avisar.

Solo vine a decirte que sin tu amor no soy nada, nunca imaginé que tu ausencia doliera tanto.

Deseo que esta noche regreses a mi vida, porque yo les he dicho a mis amigos que no te amo, y mi corazón se burla de esta vil mentira, y me clava en el centro de mí ser el dolor de no tenerte.

Te prometo que no te vas a arrepentir, te amo tanto que no me importa el que dirán, y es que te soñé otra vez, y yo estaba en tu ilusión y me amabas.

Ahora no sé si estoy despierto o dormido, pensándote o soñándote, no sé si está corriendo el tiempo o se detuvo, solo sé que te amo y no es un sentimiento nuevo.

He querido tener de ti, el beso blanco que nunca me entregaste, pero no sé que será de tu vida, porque tienes cerradas las puertas de la posibilidad de continuar el camino de la vida conmigo, hasta llegar a la vejez.

Me conformo tan solo con una noche, donde entregues toda tu sensualidad, para darme por servido.

Eres la única mujer que logra dominar mis sentidos con solo mover tus labios, al articular palabra.

No entiendo porque tardas en volver, y me lastima tu manera de ver mi torpe intención de querer, y yo sé que me amas porque conmigo hiciste el debut de ser infiel por primera vez.

Y fue cuando estuve frente a ti, y te sentí como mi mayor anhelo, mi fantasía cumplida, porque eres desde siempre, y de enero a diciembre, el amor de mi vida.

Dulce niña

Has extendido a mi madurez la posibilidad de amarte oh dulce niña.

Tengo la necesidad de amarte de los pies a la cabeza, y tu cara de niña esta imperando en mi alma.

La tentación de poseer suavemente tu frágil figura, está haciendo fiesta en mi mente.

Dame esa cita a ciegas que corre caudaloso en mi torrente sanguíneo hasta invadir mis neuronas.

Dame tu silencio y reclama discretamente un beso disimulado.

Invoca el frio para excusar un abrazo cálido que nos haga remontar el vuelo a las estrellas.

Apenas soy tu amante confesado, y ambos fingimos un saludo de amistad.

Ya siento que das felicidad, pero antes de llegar a amarte, contemplaré un rato la triste realidad.

Aunque nuestras miradas griten que estamos intentándonos amar, de mutuo acuerdo este amor hemos de callar.

Ya que te tenga frente a frente, exponiendo tu cara de niña con cuerpo de mujer, haremos de las nubes una alfombra donde nos podamos querer.

Niña de piel dormida, cara de porcelana, ojos llamativos y olor a mujer.

Aroma que me desvela buscando el justo equilibrio entre tus tiernos labios y mis décadas de madurez.

Están agonizando las horas, y tú estás ansiosa de verme, está muriendo el año y has encendido la llama del amor.

Oh mi niña, esa mirada soñadora, me tiene contando los crepúsculos de insomnio y querer sacar la nieve de mi alma y conocer tu cálida desnudez.

Mi niña ya se acerca el día que tendré tus veinticinco años sobre una alfombra de nieve, una nube, una cama que será tuya de cinco a nueve.

Bájame las estrellas en tus conversaciones provocativas, que yo te las guardaré en mi cama cuando vengas a ser mía.

Mía de los pies a la cabeza, como siempre soñé en ti, y como siempre quisiste de mi.

El crucero del amor

Acá delante de todos, hoy quiero hacerte entender, sin importar que alguien se vaya a ofender, que este amor y respeto que siento por ti, es más intenso que el deseo ardiente que provocas cada vez que tengo frente a mí, la belleza de tu cuerpo escultural hecho a mi medida.

Este amor inmensurable va más allá del contacto físico, el roce de tu piel, tu sonrisa angelical y la profundidad de tu mirada, impactan en mis neuronas, provocando sensibilidad al tacto, llegando al máximo nivel de mi lujuria, sin embargo no es por eso que te amo.

Es la transparencia de tu alma, la que me hace ver que tú tienes amor puro y sincero, y mi necesidad de amar se desvanece por completo, porque tú me llenas, me satisfaces el corazón, y te haces amar hasta perder la razón.

He cruzado montañas y ríos, fatigado y sin abrigo buscando amar y ser amado, y ahora estoy contigo, haciéndole cosquillas a la soledad y riéndome de felicidad.

No me importa tu pasado, no soy nadie para exigirte que te despojes de los malos recuerdos que te golpearon el alma, guárdalos en el sótano de tu libertad y sácalos como escudo cuando el mar, venga con una seducción a nuestro crucero de amor.

Las sesiones de felicidad, no podrán ser opacadas por el sarcasmo la crítica y la cobardía.

Yo he aprendido una opinión muy certera, ni aquí, ni en el cielo es pecado amar a una madre soltera.

El lucero

¿Que hombre no ha llorado por un amor?

Pasé una Nochebuena pensando en que aún no te conozco, y llorando el haberte perdido sin tenerte.

Me estoy tragando las caricias verbales que nunca te dije, e increíblemente la libido que provoca el recuerdo de nuestros días de amor, me hacen oler a ti.

El vínculo que te ofrecí abriendo las puertas de mi alma, lo rompiste al abandonar los eslabones que encadenaban la verdad y el amor objetado a la distancia.

Si levantas la vista al cielo y recibes la luz del lucero mas brillante, soy yo deseándote que tengas una feliz navidad.

Y en cada inicio del año, y en cada rayo del sol, un mensaje de amor y paz, guárdalo como una canción en tu corazón y cuídala como un niño cuida su juguete nuevo.

Mi amor por ti nunca cambiará, y si los muertos aman, después de muerto te amaré mas.

Si alguien te sorprende con una nueva seducción, seguramente te amará pues eres una gran mujer, dale los besos de ternura que nunca me diste a mí.

Y protege la relación como una madre a su bebé, pero nunca olvides el lucero que te sigue amando, y no pierdas de vista su luz, como antaño a sucedido que apagaste la luz de mi amor que alumbraba tu existir.

El obstáculo

Todo lo que proviene de ti
Son caricias a mis sentidos
Todo lo que siempre sentí
Es quitarme la camisa por un amigo.

Más el sentimiento que has provocado
El pensamiento que me tiene acorralado
El obstáculo que no me deja salir avante.
Es tenerte como amiga, pudiendo ser mi amante.

El sofá

Hay mucho que decirnos, todo este tiempo sin vernos nos ha llenado de razones suficientes para contarnos que ha sido de nosotros.

Y ahora que estás aquí frente a mis ojos que te ven con ternura, me provocas con un roce y pierdo la razón, y nos enredamos en pasión salvaje y desbordada.

Tanta pasión y lujuria no cabe en el sofá y se derrama en la alfombra, la mesa de la cocina, tu escritorio y las gradas de la vecina.

Amiga con derecho, sin derecho a enamorarse, te amo.

Ella lo sabe y duda

Ella conoce mi dolor, ella seguramente sabe desde cuando la amo. Ella sabe que me refugio en las letras de mi triste canción, donde oculto su nombre para desahogar mi corazón.

Ella sabe y duda.

Sonríe con la duda de mi sentimiento, o llora al confirmar que no miento.

Duele no tenerte, pero me voy a acostumbrar, hay frío en mi alma, ya la luna no quiere alumbrar.

Vivo en soledad sin tu amor, y ya las luces de navidad comenzaron a brillar, pareciera que cuentan la historia de este eterno e injusto dolor de amarte con locura.

Por favor no me ignores, obliga tu corazón, y dile que quiero rozarle, que quiero llamar la atención.

Estoy preso en la cárcel del amor, estoy atado al recuerdo, y lloro tu ausencia, es urgente que abogues con tu mente y corazón, intercede con la razón y dale paso al sentimiento.

Estoy viviendo una angustia sentimental, intentando olvidarte y no puedo, dime que puedo hacer para que entres a mi vida.

Desnuda el alma y deslízala por una rendija.

Toma otro vuelo con escala en mi alma, o toma otra bebida de la copa azul y déjame acariciar tu tristeza, que enjuagas en el kermes con fineza.

Yo no me quería enamorar, porque siempre he sabido, que nunca podría ser mas que tu amigo, pero la razón se ha derrumbado, y vivo en una nube de ensueño y de ilusión.

Ven y juega a amarme, quizá un día de estos soltarás el eslabón que encadena tu idea de solo verme con los ojos de la amistad.

Y es que una relación como la nuestra, es inédita, porque ya han pasado varios años y sigo aferrado a la idea de tenerte en mi pecho, durmiendo en mi cama.

Ven y cura la herida que provocaste hace casi dos décadas.

Ven que este sentimiento del siglo pasado, sigue en delirio sutil y de moda.

Ven que no miento que no he sido amado, revive la libido febril de tu boda.

Ella

Su cara de niña y su alma transparente tienen la expresión del pétalo desprendido de una rosa en primavera.

Ella es la sombra de lo que soy, el eco de mi voz y el calcado de mi alma.

Es una gran mujer.

Que con su ingeniería de caricias y versiones de madre, hermana, amiga, novia y amante.

Estás edificando un hombre para sí.

Ella es mi versión humana de un dulce poema de amor.

Extraño tus mentiras

El amor que tenía en mi corazón clavado para ti, me dejó solo y vacío el pecho.

Porque la pasión y el sentimiento de un lobo feroz que derrotaron las caricias falsas y mentiras creíbles, fue lo que causó que se secara la fuente de inspiración.

Amar sin ser amado es causa de descansar resignado en soledad dejando inerte el alma en esta habitación.

Aun está la primavera que dejaste en mi ser, allí están los pétalos marchitados de mi jardín olvidado.

Todavía quedan algunas manchas de las paredes de mi alma, que un día teñiste con los colores del arcoíris.

No cabe duda que el amor duele, y desespera la incapacidad de recuperar lo perdido.

Te extraño esta noche como jamás en mis días de soledad, me haces mucha falta.

Hay un mar de llanto durmiendo en mi cama, la almohada que tiene guardados los secretos de mis sueños húmedos y mis fantasías incumplidas, ya está cansada de verme llorar después de una sesión de ráfagas y temblores eróticos en esta hiriente soledad.

¿Ya es mañana o todavía es ayer?

No me importa la verdad, si recién te fuiste y ya te estoy extrañando, te sigo amando y sigo aferrado a creer las mentiras sin piedad, que amanecieron tantas madrugadas en mi cama, decorada con velas aromáticas, cena de romance de telenovela, y vino sin empezar.

Nunca me diste tiempo de demostrarte mi sentimiento. Jamás tuve la oportunidad de ser el romántico empedernido que sueña con agradar a su hembra con rosas y placeres. Poemas escritos con pluma y mano propia, corazón de poeta derrotado, porque el gran amor de toda mi vida de mocedad y vejez, me ha dejado con la inspiración marchitada debajo de la almohada, solo le dio tiempo de llevarse mi felicidad y el recuerdo de mi caballerosidad.

Fámula del bar

Estoy enamorado de la fámula que me sirve el vino una y mil veces.

Y cuando viene en pos de mí, siento sus caricias en un roce Involuntario, y me interno en su belleza para teñir su alma a mi manera.

La tentación y la timidez están haciendo fiesta, y caigo rendido a los pies de tu imagen virtuosa y llamativa.

Acá estoy en la esquina de esta barra consumiéndome tu cuerpo en cada trago de vino tinto.

Estás pasando por alto tu maravilloso destino, has endurecido el corazón en cada golpe y fracaso sentimental, y yo sigo aquí sentado en este bar.

Somos dos almas sufriendo los golpes del fracaso amoroso y los estragos de la falta de amor, más estamos en diferente sintonía, diferentes mundos y en la misma barra.

Sírveme otra copa que quiero beberme tu alma una vez más.

Te acercas y nuestras miradas se cruzan en un mutuo coqueteo, pero bloqueas tu corazón al ver las damas que están conmigo, la sensibilidad me espanta porque me traiciona dando suspiros cerca de tu oreja, mas no los sabes interpretar porque sigues aferrada a ignorarme y pasar desapercibido el amor que tengo para ti.

Soy coleccionista de tu imagen que me vuelve loco, y algunas veces te veo tan solitaria, que deseo que de todo lo que tengo que recibir como bendición, sea un hola proveniente de ti.

Y se que estas buscando ser amada porque lo puedo ver en tus ojos y traspaso tu coqueta sonrisa y aterrizo en tu alma de leopardo salvaje, que no se deja domar.

Estamos en un ambiente de tantos corazones rotos, y amores quebrantando la confianza de sentirse amado, que no te has dado cuenta que solo quiero que me dejes ser, y dejarte llevar con todo este amor que tengo retenido para ti.

Estoy enamorado de ti y nunca lo sabrás porque el concepto que tienes de mi acostumbrada pasión por la compañía del feminismo, no te hace entender que tú eres la única y que estoy provocando tus celos.

Observa lentamente por medio de la transparencia de mi alma y encontrarás que la gloria te pertenece.

Fantasías de un amor perdido

Te busco por las noches intentando reparar el grave error, seguro eres feliz con tu nuevo amor, y yo me quedé con la verdad en mis labios.

Yo sé que todo está perdido, ya no tengo la oportunidad de romper el silencio y causar una primera impresión, nunca imaginé que estuviste dispuesta a escuchar los latidos de mi corazón.

Allí estaba mi verdad, allí está mi amor por ti, esta cobardía de expresarte el sentimiento puro, me tiene en el exilio de otro cuerpo y otra mente, otra cama y otro corazón.

Siempre me sentí confundido, siempre pensé que solo deseabas que yo fuera tu amigo, más había un sentimiento mutuo en nuestras almas queriéndose rozar, y solo cambié mi vista porque que no tuve valor de hablar.

Que importa haber sufrido, si vivo en la dulce locura de las fantasías de un amor perdido.

Que importa esta tristeza diaria, sí por las noches llego al descanso en busca de tu cabeza para apoyarla en mi pecho, sentirme amado y comprendido y dormir en las fantasías de un amor perdido.

Fantasía virtual

Que agradable es cerrar los ojos y pensarte junto a mí, ocupando un espacio muy importante en mi corazón, verte tan real amándome en cuerpo y alma.

Y al abrirlos me presento al mundo con la careta de la persona más feliz.

Pero pienso con dolor, y me imagino en quien habrá detrás de tus letras, e imagino tu aroma.

Hay una herida, que en cada beso escrito comienza a sangrar, porque me muero por conocer la textura de tus labios al besar.

Aunque te ame y respire por la herida, te he pensado tanto que mi mundo gira alrededor de tu vida, dejo el ego en el escritorio y me dispongo a buscarte, y ahora estoy en soledad en la calle donde he soñado encontrarte.

Ya comienza a amanecer, y sigo soñando con la ternura de tu voz, como todos los días.

Quiero que te vistas de mi piel como en mis fantasías.

Quiero que escondas tu timidez y me regales tu fulgor, quiero que salgas al menos una vez de este monitor.

Ven y susurra en mi oído palabras de amor como las que me has escrito hasta ahora, y verás que la felicidad está mas allá que besarse por computadora.

Cuanto daría por despertar en tu pecho y sentir tu respirar, ver la luz del sol alumbrando tu existir, acomodarme en tu mente y leer los pensamientos que me cuenten algo de ti.

Yo acá estoy con toda la disposición de dejarme amar, porque tengo un suspiro retenido haciendo eco en las paredes de mi alma, un suspiro que me tiene encadenado él corazón, que triste llora tu ausencia.

Por favor ya no me hagas tanto mal, ya no quiero que seas mi fantasía virtual.

Ahora el único TE AMO escrito que te quiero dar, es el que he plasmado en miles de servilletas cuando salgo con mi soledad a cenar.

Frases de amor en silencio

1. La distancia me ha quitado tu cuerpo.
   El hombre me ha robado tu atención.
   El tiempo está diluyendo la esperanza de verte alguna vez.
   Tu desprecio secó mi interés por ti.
   Tu silencio ensordeció mi alma.
   Definitivamente creo que ya no te necesito, si tengo algo mejor que tú, y nada ni nadie me lo podrá quitar.
   TU RECUERDO.

2. Tengo tanto amor por ti, en medio de sueños y fantasías, que creo que se harán realidad.

3. Cierra los ojos y abre el corazón.
   A veces ignoramos que detrás de la dulce sonrisa de una linda amistad, está el llanto desesperado de un gran amor sufriendo en silencio.

4. La mejor serenata para un amor prohibido, es el silencio, y el mejor regalo es la certeza de volverse a ver.

5. Ocultar la verdad es cobardía, mentir es bajeza, prefiero ser cobarde y bajo, para mantener mi caballerosidad y tu reputación.

Huellas en la piel (9)
he venido a decirte

He venido a decirte que tengo la fachada triste y la sonrisa no se me nota, no te dolió dejarme el alma rota, así que me voy a inventar un nuevo amor, con trenzas entre la verdad y el sentimiento.

Con la mirada profunda clavada en el interior de mi corazón y mi pensamiento.

Con el alma desnuda y huellas en la piel, huellas doradas que brillen en mis ojos húmedos de hiel.

El trago amargo que brota por mi llanto, y que por la piel estoy destilando, porque tengo un nudo en la garganta que impide expresarte el eco de la voz de un amor en pena que seguirá confiando en el sentimiento, y con la esperanza de fabricar un alma buena.

Un alma diferente, un amor como el que yo traigo dentro, y que llegue a amarme intensamente, y todo lo fabricaré con la industria del perdón mientras estás ausente.

La vida da vueltas y en cada giro hace el mundo mas pequeño, así que aquí esperaré sentado en mi tristeza cuando regreses por tu dueño.

Cuando te liberes del error de dejarme llorando con este aguijón, vendrás arrepentida con huellas en la piel que no pudiste borrar, huellas de mis caricias que embriagaron tus sueños y fantasías con besos de vino tinto.

Pero algo mas te quiero aclarar, una sola condición cuando te quieras acercar.

Ven con la verdad y trae el alma desnuda, que yo te perdonaré, aunque me hayas sido infiel, aunque vengas con otras huellas en la piel.

Huellas en la piel (99)
me tengo que ir

Quédate a borrar las huellas indelebles en mi piel.

Quédate a escuchar el llanto de tu hombre enamorado, que será lo último que escucharás de mí, llévate mi orgullo y lo tiras por allí.

Quizá un día de estos la vida te diga a gritos que fue error partirme el alma en pedacitos, más yo he de darte esta profecía.

Me recordarás día a día, y te será difícil encontrar una mejor compañía, y entre sudor y lágrimas harás el amor con otro y sabrás que lo tierno y salvaje es un acto de mi autoría.

La manera inédita que te hacía remontar el vuelo al infinito, culminándolo con un grito, no la superará nadie.

Buscarás sofocar tus ansias y morderás la almohada, para evitar que salgan mi nombre y los cariñitos verbales como una manada.

Y si esto se te hace poco, te aferrarás al recuerdo de mi espalda desnuda empapada de nuestro aroma único, y en el momento de explotar te traicionará un grito cínico.

Mi nombre un millón de veces por cada vibración provocada, y llegarás al clímax con éxito una sola vez, porque quedarás atrapada en el pensamiento de mi desnudez.

Decídete ahora, antes que te puedas arrepentir, las monedas de oro no te harán sufrir, pero la libido en la cama se queda conmigo, y el derecho de aullar en mi luna llena no lo podrá comprar tu amigo.

Ahora que estás llorando y me estas abrazando, me doy cuenta lo que pudiste escoger, el amor y el deseo te lo van a entender.

Permíteme decirle a tu amigo, que tú te vas conmigo.

Quizá lo haga sufrir.

Pero yo vine por lo que es mío y ya me tengo que ir.

Infiel a mi alma (9) hoy

Me estoy desintoxicando del veneno mortal que dejó tu ausencia en complot con la soledad.

La dulzura de tus besos se quedaron en mi mente, y el recuerdo corre aún por el caudal de mi torrente sanguíneo.

Estoy intentando borrar tus caricias de las paredes de mi alma, más no es posible.

Hoy hago el amor con tu imagen de diosa, tu perfume y tu nombre escondidos en otra mujer.

Hoy se funden en mi cama, el placer y la cobardía, porque te intentaré olvidar, arrancando de mi piel el exquisito sabor de nuestras sesiones de lujuria.

Hoy se plasma en el lienzo de otra mujer, la poesía que no pude escribirte.

Soy esclavo de tu perfección y estoy intentando desatar las cadenas que me aferran a ti.

Te amo y te agradezco que viniste a enseñarme que el verdadero sentimiento existe.

Con tu amor se llenó de ilusión mi vida, y a veces me pregunto si me merezco tanto.

Hoy le seré infiel a mi alma, y no sé si podré superarlo.

Sospecho que mañana, mi conciencia me reclamará de ti, porque te amo con tanta intensidad que presiento y tengo miedo de gritar tu nombre para lograr éxito en mi cama.

Infiel a mi alma (99)
mañana

Tengo dos copas usadas, una botella vacía, y mi alma. Tirados en la alfombra.

Como pude creer que, te podía olvidar en una noche de copas, si hasta el sol sabe que te amo y hoy no me quiere alumbrar.

La mañana está gris, y las lágrimas del cielo bajan lentamente por el cristal de mi ventana, mi orquídea se marchitó, como marchita está mi alma, y sigo hiriéndola con la intranquilidad de conciencia.

Intento tocar el piano, para darle paz al seno de mi alma, más no es posible porque la experiencia y la inspiración me están dando la espalda.

Me están quemando el frio y la soledad de mi recámara.

Ayer quise sacar tu amor, pero es tan grande que no cabe en mi ventana.

Hoy me toca lidiar con una promesa rota, y la conciencia que me lastima en silencio.

Mañana será otoño y arrancará las hojas secas de mi alma herida, y el invierno pronto estará marchitando lo poco que quedó de la primavera que me dejaste.

Quiero llorar y confesarte que no me gustó su grito final, extrañé tus uñas al aferrarte a mi espalda, imaginé tu sonrisa de picardía al despertarte, enviándome ese mensaje subliminal de tomarte una vez más, ese mensaje que es parte de nuestro rito sensual, y del que ya estaba familiarizado.

Yo no quería perderte, la distancia mató a la razón y le dio vida al placer, no soporto el recuerdo de tu voz diciéndome, que no te deje sola.

Devuélveme la paz y colócala en el seno de mi espíritu en confusión, y envíame los colores del arcoíris que usaste para teñir mi alma y dejarla en primavera.

Mi espíritu está confuso, soy prisionero del placer y de tu amor.

Te envío la súplica de perdón, el grito retenido de un clímax sin éxito, una promesa rota y mi alma herida.

Jaque mate del corazón

Los seres humanos somos, como piezas de un juego de ajedrez, Dios las mueve a su voluntad para ganar el juego.

Hay otra pieza nacida muy cerca, o en el otro lado del mundo, ésta será empujada hacia aquí, y El actúa.

El viento le acaricia el cabello a la gente de mi ciudad y yo solo veo a una persona muy sensual con ese movimiento rítmico, cuando los suspiros del cielo convertido en brisa te tocan, has pasado desapercibida por los demás, porque tú eres la pieza que encaja conmigo y el más mínimo detalle, hace poesías en mi mente.

Dejémonos llevar por aquello que llamamos instinto y que son mensajes divinos. Nosotros nos movemos del camino, y sí hoy tengo fe, podría ser amado, retornando al lugar que se me había asignado.

Ya es invierno y mi piel desea cariño, mi alma está deseosa de la primavera que traes retenida para mi, no seas caprichosa, y dame un SÍ, muñeca hermosa.

Mi querida amiga, esta timidez me hostiga y estoy esperando que me propongas algo más que amistad, o quizá ya me hayas enviado una señal, pero yo estoy soñando haciéndote caricias de amor.

Despiértame con un rose formulado con cautela, que yo y este amor que te tengo, lo sentiremos que ya eres mi pareja y lo convertiré en un abrazo apretado, besos en el cuello, y suaves mordidas en mi oreja.

O decídete y hazme la propuesta, prometo no hacerte esperar, porque desde que nos conocimos tengo la respuesta.

Libérate del feminismo conservador y hazme tu amante perfecto, rompe el hielo y dime algo, porque yo me estoy muriendo por tener el calor de tus brazos.

Llegaré a ti, con el fulgor de mis poesías, el candor de mis versos, tómalos y aduéñate de ellos y del poeta sumiso que los escribió, te estoy amando en las tinieblas de mi timidez, que me tienen en soledad.

Tu mirada me llena, me satisface, tu rostro de porcelana hace estremecer mi alma, y me invade la ansiedad de abrazarte y amarte en un paraíso, que en silencio he preparado para ti.

Quizá te parezca una extraña razón para estarte amando y que sientas claramente que te estas enamorando, pero son solo el momento propicio para los dos, sensación del corazón en el lugar preciso, con las personas perfectas, que como piezas de ajedrez estamos siendo movidas.

Por favor ayúdame a llegar al clímax del juego donde estamos juntos, y gritemos jaque mate rompiendo el hielo y venciendo la timidez.

Keyla

Tengo en la pared un reloj marcando las horas de desvelo, y en esta fría madrugada se está perpetuando mi soledad en espera de quien bese mi dolor de no tenerte.

Cuando quieras darme un aliento de vida, Keyla de mi corazón, solo toma el teléfono y sedúceme con tu canción de amor, tu melodiosa voz llena de pasión.

Esta es mi historia de amor, de desvelo y desconsuelo.

En mi alma solo está un grafito en las paredes con una leyenda que dicta todas las cartas que nunca te di.

Yo sufro lo inimaginable con llanto nocturno en soledad, y cada mañana estoy despertando con la dulzura de tu nombre.

Keyla.

Tu nombre en mis labios.

Cada mañana amanece rocío en mi alma, me llora al despertar porque no te tengo y no te tendré, pero me quedan las cicatrices en el alma que no se borrarán jamás, y con eso me basta.

Me queda de recuerdo.

El reloj en la pared, los suspiros al viento.

Tu nombre en mi sentimiento, y en el poema que estás leyendo.

La esperanza de mi corazón

Ayer te vi, estabas entre la multitud, y bailabas con quien me provoca inquietud, y no fue casualidad, tu me fuiste a buscar, o te llamó mi deseo de oler tu aroma a gloria.

Me están consumiendo los celos, los besos que le diste a él, pudieron ser míos, sigo aferrado a ti y a tus vestiduras rojo pasión, me aferro a la esperanza de un día darte a manos llenas todo este amor.

Date prisa en fracasar con ese intruso que estás intentando amar, porque me estoy cansando de esperar.

Y es que no eres la única que enciende mi pasión, pero; si eres la única a quien amo, la que me roba la razón.

Que pena me da haber fracasado otra vez, pero por creer en el amor, me levantaré, y volveré a comenzar, para tomar las fuerzas que necesito, para seguirte esperando, porque te sigo amando.

Y porque el verdadero amor solo se vive una vez

La esperanza de mi corazón será siempre que me lleves a la misma gloria, y tener en mis brazos tu elegancia de gran mujer.

Y no es necesario que descifres lo que creas que esta al revés, es claro mi mensaje del alma, me aferro a ti, y a tu traviesa y hermosa elegancia de leopardo en celos.

Y en cada espacio de tiempo que te doy, juro olvidarme de este sentimiento, y cuando veo de cerca tu hermosura rompo el juramento.

Y aunque no quieras someter tu corazón, yo sé que un suspiro me robé con esta inspiración.

La profundidad de tu mirada

La profundidad de tu mirada se traduce a despertar el instinto de poseer la imagen de tu piel bronceada color de amor.

Todavía tengo tu imagen de diosa pegada en la pared de mi alma, como punto de referencia, para practicar las palabras que broten del deseo lujurioso de poseerte, una meta de vida al sentirme llamado por tu mirada.

Y es que esa profundidad tan real me sigue a todos lados acompañando mi hombría en esta soledad, pero el mundo da giros inesperados y en cada vuelta va cerrando las paredes, estrechando las posibilidades de tenerte al menos cinco minutos decorando mi alma.

Así como las olas del mar de la ciudad bella, la vida va y viene y nunca se detiene, y yo sin poder tenerte en mis brazos.

Y al no tenerte, me refugio en la humedad de mis sueños reflejados en las pupilas de tus ojos coquetos, que algún día se filtraran entre los celos de aquel que nunca ha logrado interpretar que la profundidad de tu mirada provoca amor, pasión y lujuria.

Laberinto de amor

Me estoy portando mal conmigo mismo.

Estoy alucinando porque siempre quise dar amor puro y sincero, tuve a alguien y me enamoré locamente, y ahora ya estoy cansado de llorar porque no puedo sacarla de mi mente.

Soy fiel en sueños y alucinaciones

¿Porque te fuiste?

¿Que faltó hacer?

¿Que hice mal?

Quiero olvidarte, más no sé hacerlo como tu pudiste, me ignoras y me propongo odiarte, pero te amo hasta con los dientes, y sufrió mi alma tu adiós.

Yo mismo me hago daño, buscando lo que no he perdido, entre tus fotos, aunque tu constante cambio de imagen es el tanque de oxígeno que me mantiene vivo, porque respiro por la herida.

Estoy frente al piano, tengo el álbum de fotos, mi copa de vino, y estoy tocando la más triste melodía, que cada nota provoca mis lágrimas, caer.

Lágrimas que no cesarán jamás, porque apenas despierto de mi locura, y no te veo, y es cuando tu ausencia me vuelve loco.

Cada vez que me acuerdo de tu cara de niña, me visto de gala y espero tu regreso sentado en la sala, con las orquídeas blancas que nunca pude darte, ya están marchitas como marchita está mi alma.

Ven por favor sálvame la vida, sácame de este laberinto de amor o déjame morir en tus brazos aunque no me ames.

Locamente enamorado

Este sentimiento que siento por ti, me está volviendo loco, pero te amo tanto que estoy disfrutando mi locura.

Después del sueño dulce que provocaste, hablo con mi almohada favorita, y le pido opinión sobre lo que he de plasmar como mi próxima inspiración.

Esa almohada que lleva tu nombre, que poco a poco se fue formando con las manchas de mis lágrimas en soledad, me reclama cuando debo comportarme como todo un caballero, al preparar mi equipaje para a ir Nueva York.

Este loco amor me lleva camino a la ducha tomado de la mano con tu recuerdo, y te canto una canción de amor, y me agrada cuando te ríes de mi desentonada melodía, pero te gustan las letras de mi poesía.

Esta locura que me ha dejado tu ausencia le da un sabor exquisito al paladar de mi alma, una dulzura que solo un enamorado, romántico empedernido podría comprender.

Me gusta cuando me coqueteas a través del programa de noticias, porque tienes una sensualidad al hablar, y de manera sutil, llevas el lápiz a tus labios maquillados de rojo pasión.

El mismo rojo pasión que cubre tu celular cuando te veo hablando, manejando el auto que se estaciona a mi lado, en espera del cambio de la luz verde.

Y es ese mismo verde, que mi mirada pasa rosando las hojas del árbol que se atraviesa en mi camino hacia el cielo en busca de una respuesta convertida en avión, y que aterrice en mi mesa de trabajo.

Y te sigo viendo, y te sigo contemplando, con caricias disimuladas en la espalda del extractor que estoy limpiando.

Disfrutando la música, que emite el sonido de las teclas, que uso para celebrar la locura de mi amor mientras trabajo con el microondas.

Una dulce y bella canción, que tengo guardada en mi corazón, igual de hermosa como la rosa que lleva el señor para su esposa.

Estoy disfrutando mi locura, porque te amo tanto, que con toda esta distancia que hoy nos separa con crueldad, te tengo en la sonrisa de los niños al jugar y en el sueño que estás a punto de provocar.

No cabe la menor duda que estoy locamente enamorado de ti.

Estoy en mi mundo, pensándote mañana, tarde y noche, y me agrada estar así.

Y es que tu amor me está quemando, más que la parrilla que estoy tocando.

Mi amnesia

Que grande sentimiento cabe en tan pequeña habitación.
Habitación de hotel
Donde las paredes son único testigo del amor clandestino.

Amor que mata y envenena
Da vida al destino, que encadena la lujuria y la pasión a nuestros cuerpos sedientos de amor y deseo.

Estamos acariciando nuestras mentes, en una fusión de sueños, evitando susurrar nombres para que no la escuchen nuestros dueños.

Y guardaré nuestro secreto, porque tendré amnesia.
La enfermedad crónica de un verdadero caballero.

Mi dama rosadita

Extraño lo rosado de tus alas mariposa de bahía.
Pero nadie ha dicho miedo y hoy respiro por la herida.

Sobrevivo a tu ausencia, porque soy lo que dijiste que sería, llegué con mis verdades seduciendo tu falta de amor, y me diste el titulo de lo que soy ahora, es por eso que tú estás presente en cada canción, de todos los ritmos incluyendo el de mi corazón.

Continua vivo ese flechazo inédito al ver tu foto y compararla con tu imagen real, digna de una diosa del palmar.

Ya he despejado la duda de quién eres para mí.

La mariposa que se posó en la rosa, cuan bella modelo de fotografía, y primera musa de mi carta de amor convertida en poesía.

El dulce recuerdo de nuestras experiencias vividas enredadas en amor no me lo quitará nadie.

Desafié los estragos del tiempo y la distancia para agregarle una rosa a tu elegancia.

Fuiste mía de enero a diciembre, y eso lo recordaré por siempre.

De noche y de día encerrados en una caja de cristal, aquella casa de los espejos amándonos todo el año, ese es el recuerdo que más me ha hecho daño.

Mi descontrol acelerado tiene un límite, y lo digo con orgullo, ese límite siempre ha sido tuyo.

Mi luna

Yo soy el sol y tú la luna y aun no nos comprendemos, porque jamás estaremos juntos en una sola jornada.

Cuando tú vienes yo ya me voy.

Y aunque te amo como el cielo al mar, como las constelaciones a la noche, nunca podrás estar en mis manos, y ese día de fantasía me tiene llorando en este falso sueño.

Porque jugué con fuego y me quemé hasta el alma, y acá estoy tirado en la alfombra del pasto verde de este valle, que se roba mi amor por ti.

Todo parece un sueño y una fantasía todavía, y lo más doloroso es que jamás podré hacerlo realidad.

Ya ves que volé otros cielos buscando un nido donde pudiera guardar mis alas y quedarme para siempre.

Ya notaste que mi barca buscaba un muelle para anclarlo y quedarse encallado en las maravillas de los arrecifes de colores que maquillan tu belleza.

Ya viste luna que jamás oculté la verdad y solo ofrecí amor, a cambio de un poquito de libertad sin celos.

Lo mejor de mis versos te los llevaste tú, te quedaste con lo mejor de mi inspiración.

Mi pasión y mi amor se quedaron en la bodega donde guardas las cosas que ya no necesitas.

Mi esperanza de encontrar una guarida que escondiera el morbo y la adicción al cuerpo, se quedó en una noche de luna salvaje encerrada en el closet.

Luna de marzo, que fue lo que hiciste que me clavaste la espada de amor en mi vida.

¿Que le pasó a Cupido que me lanzó la flecha con furia asesina, matando mi pasión y mi felicidad de estar guardado en un solo techo?

Cupido racista, no tiene puntería o no sabe geografía. ¿Qué le pasó a tu lecho que se encogió tanto que no cabíamos, haciendo maravillas de arte sensual?

¿Donde se quedó el rojo pasión de tus sabanas, tus vestiduras y los rayos de mi amor por ti?

Me agradó mirarte preparándome el café con la dulzura inicial de nuestra intimidad, me gustó verte llorando de alegría con la fuerza predominante de una madre pariendo a su bebé.

Estoy solo y sin amor en esta fría madrugada de invierno y estoy invocando mi luna de marzo, pero caigo otra vez a la razón de la ley de la vida, tú eres lumbrera de noche y yo de día y jamás podremos estar juntos, porque somos de diferentes mundos.

Mi manzanita

Tu eres mi manzanita.
Mi fruto prohibido.
Mi razón de ser.
Quiero tomarte en mis brazos y hacerte mi mujer.

Hay amigos que se quieren, como yo te quiero a ti.
Pero quien iba a decir que tus dotes de gran mujer, harían mi corazón feliz.

Te has convertido en mi mayor fantasía.
Te pienso de noche y te sueño de día.

Hay en la capital del sol, un amor que me calienta el alma.
Hay quien me domina el torrente sanguíneo, que caudaloso corre bombeando mi corazón.

Solo una cosa más amiga mía.

"Cierra los ojos y abre el corazón"
A veces ignoramos que detrás de la dulce sonrisa de una linda amistad, está el llanto desesperado de un gran amor sufriendo en silencio.

Mi musa

Me agrada la facilidad que tienes para inspirar mis poemas, con cada movimiento rítmico de mis herramientas de trabajo lírico de rima y prosa.

Y son canciones de amor que van dejando impregnado el ambiente, con el aroma exquisito del ramo de rosas que tengo en mi recuerdo, y que ha decorado el seno de mi alma desde siempre.

Es un ramo de rosas que he deseado entregarte, mas no he logrado desafiar el miedo al rechazo, y me conformo con el beso de amistad y el cálido abrazo.

Mi amor por ti es un mar embravecido, que golpea la roca para darle forma de corazón, un mar con una fuerza delicada que, en cada vaivén de las olas, está formando un castillo de ilusiones sobre la arena.

Te amo mi musa hermosa, y cuando te saludo, se estremece mi cuerpo porque sueño en hacerte mía, tiemblan mis labios al plasmar un beso en tu mejía.

Mi obsesión por ti me hace contemplar los colores hermosos de un bello amanecer, en el estrecho espacio que ha quedado entre tú y cuerpo y el mío.

Tan estrecho amiga mía, que nuestras almas se fusionarían, si aceptaras dejar de ser mi musa y convertirte en mi mujer.

Mi vecina caribeña

Hay una orquesta de viento, cuerda, teclado y percusión, surcando mis sentidos, en un concierto que no es imaginario, y que despierta mi pasión devoradora, al escuchar tu voz desesperada en la ducha, entonando el mensaje del delito del que somos cómplices.

Tu llamado del otro lado de mi patio.

Tengo un apetito insaciable de comerme el exquisito grosor de tu figura de un solo bocado, beberme con desesperación y descontrol, la humedad que provoca el movimiento rítmico, de la punta, la koropatía y el yankunú.

Esta noche he escuchado otra vez, el sonido de tu canción de amor, tu gemido de tigresa salvaje invitándome a tocar la puerta.

Acepto la proposición y me encamino a tu casa.

Y al abrir…

La profundidad de mi mirada te intimida y te preparas a recibir mi reacción descontrolada de poseerte sin perder tiempo.

Quiero intoxicarme de tu belleza corporal y hacerme adicto a las características femeninas de tu elegancia y fornidez, hasta quedar inerte sobre tu desnudez oscura, y quedar en un silencio ensordecedor y romperlo con mi aliento cansado por una ráfaga de movimientos fugaces, objetados entre la pared y tu cuerpo.

Y es que vecina hermosa, la silueta de tu imagen de diosa, con ese color bronceado que me tiene enamorado, y en espera de tu clave insospechada por los demás, esa música caribeña que despierta mis sentidos, acentuando el palpitar del corazón, provocando lujuria y pasión.

Llegó la hora y como el increíble salto de un lobo feroz, escapando del cazador, atravieso la ventana esperando que mañana, rompas la calma.

Esa calma que se escucha en tu casa con música suave, me envía el mensaje que solo puede llegar a tu puerta aquel que tiene la llave.

Pero acá esperaré otro rato, que la vecina caribeña le robe la juventud a este mulato, con esa música de playa que me llega al corazón, despertando la lujuria el ensueño y la ilusión.

Miedos

Cierra los ojos y estaremos juntos.
Abre tu corazón para entrar en él.
Hazte la prueba de vida, de esperarme un poco mas.

Dime que me amas, y me ayudarás a no despertar llorando con el dolor de esta ausencia que me quema y me quema.

Ciertamente eres todo para mí.
Lo mejor de mi vida está allí, en tu corazón.
Que se fusiona al mío y juntos bailar esta canción.

Tienes esa magia guardada en las yemas de tus dedos.
Que acarician mis sentidos que calman mis miedos.

Miedo de perderte sin antes tenerte.
Miedo que seduzcan de cerca tu alma.
Tengo miedo y tengo celos que esta canción, escrita para ti, te guste más que yo.

Así que tengo miedo.

Miedo.
Que la ternura de tus labios, calmen la ansias de besar el fruto prohibido.
Que olvides en otra cama todo lo vivido.

Y no es que sea fantasioso
Pero todo este miedo es tan hermoso
Pues logras calmarlo con un beso dibujado en la pantalla.

Mis alas

Cuando sale el sol durante el día, es porque hay un cielo gris arropando mi soledad en la calle fría.

Y al caer la noche, busco las estrellas y no las encuentro, porque la oscuridad tiende una cortina y las deja adentro, y yo solo las imagino una a una, a través del brillo débil de la tímida luna.

Las estrellas que alumbran mi vida en las tinieblas de esta noche fría, son los amigos que voy ganando día a día.

Son por los que me quito la camisa, llegaron cuando estaba a punto de perder la fe de ver la luz en una noche sumisa.

Los ángeles han llegado del cielo, y me demuestran que tengo estrellas porque a la noche oscura le han quitado el velo, amigos que nunca olvido, con nombre y apellido.

Son todo lo que tengo, son mi regalo de vida, los que me dan felicidad, son la realidad de un sueño que antaño tuve en soledad.

Mis amigos de corazón, son las alas que me sostienen para seguir volando sobre mi fuente de inspiración, son aquellos que he aprendido a respetar, a los que les abro las puertas de mi alma y de mi hogar.

Han ocupado un lugar muy importante en mi corazón, y algunos de ellos son los mencionados a continuación:

> Alba L. Medina
> Alina R. Sanchez
> Beatriz Sorto
> Blanca Osorio
> Bessy Caceres
> Brenda Carrillo Lopez
> Cesia Tejeda

Doris Haydee Gutierrez Alvarado
Doris Zepeda
Dunia Rosales
Ela Rivera
Elizabeth Martínez
Geraldina Alvarenga
Gritchen Luna
Heidy Sosa
Karen Michelle Hepburn
Karla Patricia García Rubí
Keyla Paguada Avila
Leonela Martinez Mendoza
Ligma Cororomoto Holano Sanchez
Lisa Sabio
Lourdes Moya
Margareth Rosales
Margith Castillo Suazo
Marleny Reyes
Marvella Casco
Mayra Ninoska Montufar
Melissa Ayala
Nancy Amaya
Nilda Varela
Yadira Isolina Colindres
Yajaira Jimenez
Yorleny Flores
Zadick Rivera

No ames con obsesión

¿Cuántas veces repites te amo y cuantas veces lo demuestras? Es solo una pregunta para reflexionar.

Es tierno escucharte decir un millón de veces que amas, pero es más agradable cuando lo demuestras una sola vez.

Cuando dices lo mucho que amas, transportas a tu pareja a las estrellas, pero cuando lo demuestras la bajas de ese viaje inexistente e irreal, y la haces poner los pies sobre la tierra convirtiéndola en un paraíso que dura toda una vida y no solo un suspiro.

Si algún día te faltara la voz y dejaras de decir lo mucho que amas, no habrá ningún obstáculo que impida seguir creyéndote, porque con hechos demuestras que lo que sientes, es un verdadero sentimiento.

Las palabras son como en otoño las hojas secas del árbol plantado, y se las lleva el viento de los problemas e incertidumbres; más las acciones son la raíz y ésta se queda para siempre.

Es hermoso escuchar a alguien decir cuánto ama, pero es más agradable el amor que se profesa cuando no se dice nada.

Amor en silencio, callado con hechos debe imperar en ti, para evitar que se convierta en obsesión.

Entrega de tu miel que agrada cuando dices que amas, pero por favor controla la cantidad que das al paladar del alma, porque una gota más de lo normal, empalaga.

Sigue dando amor como solo tú, lo sabes hacer, desplazando la obsesión para que no se adueñe de la relación.

Porque la obsesión es la dulzura de la miel que se derrama en la relación para amargarle la vida a la pareja.

Y si amarás con obsesión, entonces ya no ames.

No me guardes rencor

Tengo el alma de un poeta enamorado y una noche estrellada adornada por la luna llena, el clima agradable de esta playa confundida que no sabe si es verano o es otoño, velas tropicales y antorchas encendidas, una botella de vino rojo, y un corazón triste esperando por ti

Me estoy bebiendo el orgullo en un solo trago, y con un nudo en la garganta acepto la derrota.

Oh cuanto necesito que calmes este frío, y llenes mi cama con el grosor de tu maravillosa desnudez.

Y si no es posible, no me guardes rencor, pero buscaré tu amor, en otra mujer que tenga tú mismo nombre, tú mismo color de piel, que le agraden las rosas blancas.

Que traiga en su piel impregnada el aroma que me recuerde a ti.

Y un detalle más.

Que tenga tu cara de niña, con cuerpo de mujer, para que me logre estremecer.

Nuestra pasión

Estoy descifrando la clave que abre la brecha al sendero que me llevará a gozar tu piel bronceada.

Tu cuerpo tapizado de pétalos provenientes de la primavera que decora mi alma.

Mi universo ya está en tus ojos.

Donde brillará a tenue luz, la revelación de nuestras siluetas, a la oscuridad de una atracción compartida.

Nuestro amor enredado en tu cabello negro azabache, haciendo piruetas por el movimiento, de la brisa ocasionada por el abanico de mis sábanas rojo pasión.

Tomo como brújula mi instinto, para llegar al punto exacto donde el camino que escogí se acaba en tu pecho.

Amándonos bajo el mismo techo.

Nuestra burbuja, donde anidarán por intervalos de tiempo indefinido, nuestro deseo, pasión y delirio, amor y lujuria.

Nuestro secreto

Una vez más llega la ansiedad de tener tu bendito amor, y el calor de tu cuerpo que conforta mi alma en soledad.

Estoy otra vez mordiendo la almohada que lleva tu nombre, escrito con lágrimas de hombre.

Estoy intentando encontrar la salida definitiva, de este laberinto de pasiones encontradas, mas es algo imposible, porque estoy perdidamente enamorado, y sufro en silencio por eso.

Llega la desesperación y quiero llevar a mis cinco sentidos, tu cara de niña, el aroma de mujer, la textura de tu piel, la melodía de tu voz y la dulzura de tus labios.

Esta desesperación no me deja entender que hay vida por delante, y me propuse ser fuerte y olvidarte, pero el amor nunca deja de ser, y el control se me ha salido de las manos.

Acá estoy otra vez encadenado a la ilusión y al sentimiento, y esperando lo que quizá nunca llegará.

Y por ese amor fiel al que estoy aferrado descontroladamente, voy a morir de tristeza.

Pero también, cuando siento que fuiste apartada exclusivamente para mí, entonces serás mía, y allí encuentro una razón para seguir amándote en vida.

Está mi fiel amiga soledad, acompañándome en esta habitación, compartiendo los mas escondidos secretos, que expresan las confesiones de mi alma al desnudo.

Las llamas de las velas, que hacen danzar la sombra de mi silueta, me permiten llorar desconsoladamente sin ser juzgado por aquellos cuyos corazones, jamás conocieron el amor verdadero que un hombre entrega a una mujer.

Sin miedo a nada, termino mi jornada de llanto y desesperación, apagando una a una las velas, para quedar en la oscuridad, y que mi hombría me ayude descubrir que al fin estás aquí.

Y continúo sintiendo tu aroma en mi cama, y recostado llega el mágico grosor de tu imagen en un sueño provocado.

Y al despertar solo tengo en el recuerdo, los detalles que me hacen feliz.

El ruidoso sonido del motor de un avión, la llave de la puerta de un pequeño motel, las prendas íntimas que tapizaron tu desnudez antes de hacerte mía, los nombres de las personas que guardan celosamente el más dulce secreto de nuestra vida, y el suspiro que te llevaste en mi despedida.

Oh mulata

Eres la versión humana de un dulce poema de amor, y me tienes privado de disfrutar la profundidad de tu mirada.

Mi talento no ha logrado desafiar el pensamiento abstracto, para entrar por tus ojos que son mi fuente de inspiración.

Tienes polarizada la profundidad de tu mirada y hermética el alma.

¿Como entonces podría usar la punta de mi pincel, para decorarla y teñirla con los colores del amor?

Deja abierta una rendija para deslizar mi sentimiento, mi descontrol y mi inspiración, y escribir poesías sobre el lienzo de tu piel bronceada, los recuerdos de aquella madrugada.

Oh mulata.

Mi ceiba desnuda.

En los registros de tu subconsciente están los renglones de las confesiones de mi alma al desnudo.

Eres lo esencial, el dulce de mi café, el eco del gemido de mi lujuria, el marcapasos de mi corazón y el reflejo de mi pasión, y te están seduciendo con las letras de mi canción.

Orquídeas, cartuchos y girasoles

Mira hasta donde ha llegado mi amor por ti.

Observa lentamente la transparencia de mi alma.

¿Notas que mi amor por ti aun es fuerte?

Sigues siendo la misma mujer que me quita el sueño

Aun eres la mejor maestra del mundo, porque me enseñaste a amar y aun te amo.

Acá estoy desafiando el prejuicio de todos, que me ahogaba la esperanza de seguir contigo.

La crítica de los demás y los estragos de la distancia se clavaba en mi desesperación.

Y mírame ahora, por tu amor soy coleccionista de orquídeas, cartuchos y girasoles.

Mírame aferrado al rosario de lágrimas enredado en mi pecho.

Hoy es noche de luna llena y tengo en mi corazón el mismo entusiasmo de amarte en una danza bajo la lluvia sin temor a mojarnos, la misma fantasía de amarte y besarte durante una caminata nocturna en la playa.

La gente todavía sigue hablando y lo más extraño es que mis suspiros y mis latidos del corazón todavía hablan de ti.

Déjame guardar esta cobardía debajo del cuaderno de versos, para poder estar libre de desesperación y que el entusiasmo me dicte la inspiración del corazón.

Déjame soñar con la misma intensidad de aquella noche de abril, cuando se abrió mi corazón y entraste y se cerró herméticamente para que nunca nadie pudiera entrar, aquel mismo día cuando se abrieron mis ojos a un amor ciego.

Mi amor por ti nunca cambiara y lo sostengo en mis labios hasta el último día de mi vida, lo coloco al mismo sitio de donde vino, en las paredes de mi alma para que sea lo único que me lleve al viaje más allá del sol.

Perdón

Ayer te fui infiel en cuerpo y pensamiento, y me di cuenta que jamás tendré una mujer como tu.

Ayer me puse a pensar tantas cosas bellas y detalles que te hacen ser única.

Ayer te fui infiel en cuerpo y pensamiento, y ahora que tengo la conciencia intranquila es cuando estoy valorando tu sentimiento.

Tu cara de niña y tu alma transparente tienen la expresión del pétalo desprendido de una rosa en primavera, y es esa transparencia la que me tiene hundido en el arrepentimiento.

Una noche te fui infiel, y pude perder toda una vida de felicidad.

No importa lo que diga la gente, tu solo aférrate a tu hombre que con esa humildad que traes en tu mirar, te has ganado mi respeto.

Amada esposa, perdona mi infidelidad y déjame levantar la frente para confesarte lo que hice.

Sin esta confesión no tendría labios limpios para besarte, yo te amo y ahora que me he dado cuenta del mal que te hice, traigo mi alma desnuda, ya estorba mi error aquí en mi pecho.

Yo te regalo mi vida ahogada en el arrepentimiento.

Tú eres la sombra de lo que soy, el eco de mi voz y el calcado de mi alma, solo que ayer caminaba a paso lento sobre la tentación y me di tiempo para acariciar por una noche el néctar del fruto prohibido.

Y ahora vengo a tu grandeza de mujer con el corazón en la mano, el alma al desnudo y arrepentido.

Perdón

Punzante violencia de género analice y reflexione

Que intenso sentimiento punzante.

Cuando no está contigo te sientes triste, hasta querer llorar y buscar el calor en otros brazos, y cuando está aquí, definitivamente pierdes libertad, te hace daño su presencia, pero mas intenso es el dolor cuando no tienes sus infantiles celos.

No cabe duda que el amor se desvanece con el tiempo, y es desplazado por la costumbre, pero no te importa cómo le llamen, yo veo que le necesitas ahora.

Y es que ¿cómo podrás olvidar sus gritos, si el silencio te está matando, hasta sentir que te vuelves loco?

Te preguntas desesperadamente que ahora que no está contigo, ¿Quién te colmará la paciencia? ¿Quién entregará su total obsesión?

Otro invierno viene ya, y las luces del árbol triste estarán, ¿A quién le lavarías las emociones húmedas de la intimidad?

Ahora que no está contigo, ¿Quién, entonces atropellará tu orgullo?

Ya no le amas definitivamente, tengo la plena seguridad, pero la extrañas, y ese sentimiento no es precisamente amor, podría ser la costumbre de tener su insoportable manera de ser.

Extrañas las garras de tu fiera indomable.

Analiza

Ves que este mensaje es para ti y no haces nada por salvarte de esta situación.

Huracán de emociones encontradas, agita las aguas del mar calmado que es ahora la vida, hay castigos de las malas decisiones; pero quieres que esté aquí contigo, y escuchar cuando rompe la paz y la calma de tu habitación que se inunda de soledad y tristeza.

Otra vez analiza

Ves las incoherencias.

Vejamen, costumbre, humillación, descontrol y obsesión.

Y ahora pides que si no estará contigo, prefieres que te parta un rayo, total es lo mismo.

REFLEXIONA

Satisface tu alma con el amor y no tus deseos con la costumbre.

Nunca confundas.

Porque las rosas tienen espinas y los nopales también.

Querida esposa

Querida esposa
Despertar teniéndote a mi lado es más placentero.
Y no intento dañarle el día a un tercero.
Más si no fuese por su cobardía, tú no me amarías.
Ahora mi café es más dulce cuando tú lo preparas.

No sabes cuanta falta me haces cuando no te tengo a mi lado.
Somos el uno para el otro, buscando la mejor manera de amarnos.
Somos juego seductor.
Canción de amor, caricias inventadas.
Inéditas, únicas solo para nosotros.

Ahora solo intento decirte que tu belleza me provoca desearte.
Tu delicadeza me invita a cuidarte.
La transparencia de tu alma me inspira confianza.

Reflexiones Murcia

1. Los familiares los impone muy bien el destino, los amigos se escogen muy bien en el camino.

2. No te vayas a la cama con el enojo, y besa a tu pareja antes de dormir, ahora puedes, mañana te podrías arrepentir.

3. Para amar alguien, debes amarte primero; así sabrás si te merecen.

4. El ciego sabio reconoce el color del viento, el vidente necio no reconoce el viento.

5. ¿Porque buscar lo que no has perdido? Sí buscas placer en el laberinto de una relación prohibida, encontrarás un problema esperándote en la salida.

6. "POR FAVOR" con humildad, despierta por un momento la generosidad, GRACIAS con sinceridad, la mantiene despierta por la eternidad.

7. Sí tú, das el primer paso, entonces habrá quien dará el segundo por ti, y sí tú das el tercero, esa persona correrá por ti.

8. Corre por el amor, pero no te detengas a recoger lo que se cayó, porque perderás impulso, y podrían adelantarse y arrebatarte el objetivo.

9. La vida podría ser una elegante y cómoda limusina, sí escoges: Un experimentado piloto, Dios, y un buen copiloto, tu pareja ideal.

10. Vive la vida con alegría, guarda una canción en el corazón, porque el idioma del cielo es la música.

Señora mía

Después de los treinta la mujer ya alcanzó su madurez de pensamiento y apenas comienza su plenitud sexual.

Mantiene su exquisitez por muchos años mas, para disfrutar la reacción de un roce provocativo.

Tan provocativo que cuando se eriza la piel sin fingir, sin bloquear la mente, ni limitar el alma, se viaja en el lumbral del tiempo, y se descubre que las décadas no borraron la sensualidad, la atracción del deseo al placer, y la temperatura de un eterno verano que sube cada vez más en la entrega.

Es gozar una entrega total que hace disfrutar a quien la recibe, y la cuide como el mismo aire que se respira.

Es por eso señora mía, que estoy contigo en sueños y fantasías, porque cuando hacemos el amor, lo hacemos con el alma, las uñas y los dientes, y eso es frecuente.

Me gustas señora mía, me agrada que entiendas una sola mirada, y la interpretas de la mejor manera, haciendo de nuestras vidas un solo momento y lo culminamos cuando te aferras a mi espalda, y emites tu sensual canto.

Y es que a tu edad señora mía, ese gemido de placer es una canción de pajarillos al amanecer, y que me invitas, me excitas, me provocas, a tomar tus décadas y disfrutarlas una vez más.

Ya mi cama no acepta más piel que tu piel, y si me atrevo a desafiar tal ley, no me sale el descontrol, y gasto mi noche enseñando lo que tú ya sabes, es por eso señora mía, que solo estaré contigo hasta el amanecer.

Y si estás muy lejos, del otro lado del sol, en la ciudad bella o a orillas del Misisipi, déjame saborear las décadas de tu cuerpo en mi pensamiento, para hacer el amor con otra señora que tenga tu misma edad, tu pasión y tu sentimiento.

Si yo pudiera

Si mis deseos pudieran remontar el vuelo, me alzaría hacia el cielo sin escala en busca de tu bendita existencia, para aterrizar en tu alma.

Si pudiera internarme al huerto del edén, pensaría mil veces, con tal de no tener que pecar, para quedarme para siempre con tu desnudez, y maquillar tus labios con mis besos, en el jardín bajo la luna, sin inhibición alguna.

Donde estaríamos solos tú y yo, sin nadie que nos estorbe, y buscaríamos juntos ante nuestra desnudez, la respuesta de lo que no entendemos ahora, y que puedan mis neuronas impregnarse con un solo pensamiento, para estar contigo hasta el resto de nuestras vidas.

Y si pudiéramos comunicarnos con el alma, estaríamos en la misma sintonía y entraríamos en cada uno del otro a teñirlas con los colores del arcoíris.

Si tan solo pudiera cantarte, y escuchar que me cantes esa canción que traemos retenida en nuestro corazones desde el preciso momento en que nos conocimos.

Si pudiera desafiar esta desesperación para no dejar que expire mi confianza en ti.

Como quisiera volver al pasado y escribir nuestro propio destino, uno cerca del otro, sin un cielo infinito que nos separe y hacerte mi esposa para ser feliz contigo.

Esa felicidad que hoy me hace falta, y que si pudiera la cambiaría por mi vida, para amarte más allá del sol, y vivir en eterno amor real y celestial, como el mismo que ahora estoy soñando.

Si yo pudiera, regresaría un solo día al pasado, abrirte las puertas del perdón y salir de este encierro, pero ya es tarde porque mañana es tu entierro.

Gracias por amarme, y perdóname por no demostrarte antes lo mucho que te amo, sabiendo que terminaría la discusión con un beso, pero nunca imaginé que amanecería tu corazón en deceso.

REFLEXIÓN

No te vayas a la cama con el enojo, y besa a tu pareja antes de dormir.

Ahora puedes, mañana te podrías arrepentir.

Simplemente amigos

S alguna vez la soledad te lastima, hasta mutilarte el alma, ven a mí y trae los pedazos, que yo podré repararla con mi amistad.

Y si me has hecho mal, ven con el alma desnuda, igual te amaré porque no tengo rencor, solo borra de tu mente la ofensa, y no hablemos más del tema.

Pero por favor no abras el espacio para que entre la tentación, porque si te ofrecí mi amistad de corazón, recíbela como tal.

Te regalo mi inspiración para llegar a ser simplemente amigos, que yo respetaré el pacto cuando esté contigo.

Tu eres hermosa y acepto el reto de darte mi amistad pura y sincera, pero aun si mi corazón le he puesto una barrera, te suplico no me vengas provocando, ni acentuando la libido que caudalosa corre mi cuerpo.

Soy un lobo domesticado, más, he de implorarte no despiertes mi instinto feroz de lujuria y pasión, porque te daré lo que buscas de mí, y seremos una sola piel fundida en dos cuerpos deseosos de llegar a tocar lo mas profundo del éxtasis.

Me tomarás de los hombros, apretándolos de manera simultánea como tu conciencia tentadora, a mi instinto descontrolado.

Haremos maravillas de arte sensual, disimulando un no quiero, con la mítica debilidad del hombre en comparación de tu fuerza Tentadora, y nos dejaremos llevar por la cálida sensación de humedecer mis labios con la ternura de tu boca.

Estoy atrapado en tus garras y me siento cómodo acá, no me dejes escapar por un ya basta, que escuches de mis labios, que es solo una palabra de rutina comandada con el mas lujurioso deseo de tomarte una vez mas, sin darle tiempo al tiempo, para que entre el arrepentimiento dándole paso a la moral.

Ha muerto la razón, y le has dado vida a mi piel dormida, mis neuronas están en proceso de ebullición, preparando el antídoto a tu dulce veneno.

Simplemente amigos con derecho a amarse y añadir respeto y lujuria, para lograr el justo equilibrio de la mas cínica actitud frente a todos, sabiendo que a puertas cerradas nos comemos vivos, desechando el prejuicio que otros podrían tener contra nosotros, pero somos ejemplares únicos en nuestra especie, amigos, simplemente amigos.

Soledad

A falta de tu presencia en esta habitación.
Le haré al espejo un espectáculo de baile sensual, desnudando poco a poco mi cuerpo y mi alma.

Imaginándote extendiendo tu mano hasta seguir en un masaje de erotismo las líneas que se dibujan en mi pecho, y tus labios rojos color del vino buscando huellas en la sombra de mi descontrol.

Otra noche de copas, del vino de romanticismo derrochado en soledad.

Otra jornada donde desfilan tus recuerdos, bajando uno a uno lentamente por mis mejillas.

Otra sesión de lágrimas de hombre enamorado.

Ahora siento que me estoy alejando de tu amor, porque ya no escucho el sonido del vaivén de las olas de la ciudad bella.

He trabajado todo el día sin descansar y ya no quiero que llegue la noche porque hay una soledad hiriente acá en esta habitación, y te veo a través de los espejos que cubren las paredes de mi alma.

Y esos espejos me están hablando de amor y me dicen que el futuro está cerca, solo falta que lleguen los rayos del sol y con ellos la esperanza de verte atada a mi alma.

Solo por un beso

Tengo en mis labios la dulzura de una boca imaginaria con besos inventados.

Tengo en mi cama el perfume de tu piel desnuda simbolizado por el aroma de pétalos de rosas, cartuchos, claveles, orquídeas y girasoles.

Estoy ebrio de beberme el pensamiento de tu imagen de diosa.

Otra cosa.

Tengo un ramo de flores, cortadas del jardín de la primavera que está en mi alma solo para ti.

He preparado velas aromáticas, una botella de vino y dos copas coqueteándose entre sí.

Tengo un disco de música sensual de saxofón reclamándome su debut.

Hay en mi cocina una soledad esperando romper el silencio, cuando al fin conecte mis dotes culinarias con mi romanticismo y ser tu servidor.

Estoy cocinando la idea de tenerte en mis brazos, amándote y haciéndote mía, hay una fantasía haciendo fiesta en mi mente, quiero leerte el alma y que leas la mía, para que encuentres una carta de amor, una confesión de sentimiento convertido en poema.

Inspirado en nuestro destino.

No importa si estás atrás de la ciudad de los bosques o cerca de la tierra de Gibraltar, tan solo por un beso es que estoy dispuesto a esperar.

Suspiros

Porque la soledad encendió la fuente de la inspiración, tengo todo preparado.

Porque te sigo amando es que ya estoy acá.

Tengo el alma de un poeta enamorado, una noche estrellada adornada por la luna llena, el clima agradable de esta playa confundida que no se decide si ser verano o ser otoño, velas tropicales y antorchas encendidas, una botella de vino rojo sobre una mesa adornada con dos copas y una orquídea erguida mirando hacia cielo, y un corazón triste esperando por ti.

Tu cara de niña me tiene encadenado el corazón, que triste llora tu ausencia.

Hasta ahora y desde mi pubertad ha quedado el pensamiento en libertad y divorciado del resto de mi ser.

Se me hace tarde la vida y no me dejo amar, sigo aferrado a tu belleza.

Ya me está amaneciendo, he perdido el tiempo reteniendo el amor que siempre ha sostenido mi existir.

Le contaré mis deseos a otra mujer, le escribiré mis mejores poemas del corazón, le diré que ya la esperaba y que la amo aunque esconda tu nombre en las letras de mi canción.

La misma canción que ahora te envía los suspiros que por la distancia, hagan eco en las paredes del alma, y que llegan en secreto desafiando los imperantes edificios de la gran manzana.

TÚ VEINTICINCO Y YO TREINTA Y OCHO FUE NUESTRO JURAMENTO

No preguntes porque te quiero tanto, que fuerza de fe me hizo no desesperar a despertar un día como hoy, teniendo tu imagen de hada que a escasos días, estarás cumpliendo mis deseos, sueños y fantasías.

Sí perdiera la vida en un instante me llevaría la respuesta a tu interrogante, porque tampoco yo lo sé, pero me aferro a la idea que tienes todo lo que soñé.

Tienes todo lo que me da felicidad, la ternura de tus labios y la virginidad de tu alma, me provocan amarte.

La primaveral piel que cubre tus veinticinco años, me hacen vibrar, al saber que estás entre lo que siempre deseé, y aunque como niña traviesa y caprichosa hayas roto el vínculo, sin razón.

Muy pronto estarás acá seduciendo mis casi cuatro décadas, y mis canas son testigo de cuanto esperé, porque tu bendita existencia me ha arrastrado hasta el día de hoy.

Y me quedo callado, para no decir cuántas veces te hecho el amor, imaginando tu tierno aullido de loba en celos, provocado por un roce con mi descontrol acelerado en la libido de otras camas.

Pero resulta que hoy tienes los pétalos de tu juventud, perfumando mi alma.

Ya traes sensibilidad al tacto, y como fiel servidora de mi felicidad, traes retenida la sensación de dejarte amar, por el protagonista de tu novela.

Dejas tu desnudez azotando mis ansias y provocando mi fuente de inspiración para escribir canciones en tu piel.

Te dejarás seducir con mis letras de poeta enamorado, romántico que siempre te llevé en mi recuerdo, aunque yo no he sido tu pasado, tampoco tú el mío, te he tenido en mi mente, porque antes nos llamábamos futuro, hoy somos presente.

Mi alma no había sido provocada a amar, como antaño ha sucedido, cuando juramos esperar que la madurez llegara a ti, y convertirte en una mujercita.

Mi mujercita

Para tomarnos el uno al otro sin inhibición alguna, y enredarnos en amor en una sola cita.

Ya deseaba volver a verte y leer en tu piel lo que aun no se ha escrito, ya esperamos mucho tiempo y ahora tendremos la oportunidad de cumplir nuestro juramento, tú veinticinco y yo treinta y ocho.

Cada Vez que miraba salir el sol, en espera de ese maravilloso día, perdía la esperanza, de ver cumplida nuestra promesa de amarnos de los pies a la cabeza, por dentro y por fuera, así como hoy.

Como hoy que te llevo a flor de piel, porque estás a punto de llegar a la meta que trazaste, tomando como punto de referencia, verme, besarme y hacerme tuyo.

Y no me importa tu pasado, yo tampoco he sido un santo, muchas veces grité tu nombre a la persona errada.

No sé, ni me importa cuántas canas acariciaste, para mantener viva la ilusión de tener frente a tus veinticinco primaveras de colores, mis treinta y ocho otoños grises.

No me importa quién te enseñó a besar y a amar con pasión, si en solo un suspiro dejarás escapar lo aprendido.

Tocándonos

Alma con alma, sentimiento con sentimiento, cumpliendo una profecía, una promesa y un juramento.

Te espero en el aeropuerto

Que difícil es hacerte entender mi amor inmensurable, pero si estás decidida a darme la despedida, te espero en el aeropuerto de mi apartamento.

Allí donde aprendiste a volar al firmamento, y traías estrellas enredadas en las uñas cuando te aferrabas a mi espalda.

Sé que aprendiste a volar en otro cielo, pero otra vez te imploro que alces tu vuelo a lo prohibido haciendo escala en mi cama.

Todavía encontrarás pasión en mi alma cuerpo y corazón, porque todavía te amo y justo en este momento cambia mi sentimiento, porque te amo más que ayer.

Acá estaré esperando con una orquídea blanca de plástico para que no se marchite, como marchita quedó mi alma cuando te dejaste seducir por otro hombre, con poesías de mi autoría, encerrada en el laberinto de intentar olvidarme en una sola sesión de pasión y lujuria, encerrada en las paredes alquiladas de un pequeño motel.

Quizá encontraste a tu hombre perfecto, pero los besos que le estás entregando son con labios prestados, porque eres mía toditita.

Y los puntos cardinales que lo encaminan a encontrar el punto donde explotas, no los podrá encontrar ni siquiera con un sistema de posicionamiento global.

Porque las coordenadas secretas están codificadas con ADN, y solo las he de descifrar yo, con un simple roce de piel o una mirada disimulada.

Te amo cara de niña.

Mi amor por ti nunca cambiará, este sentimiento no ha pasado de moda, te amo con la misma obsesión que invadía mi alma el día de tu boda.

Y te deseo con la misma intensidad que arropaba mi lujuria, el día que arranqué tus gemidos de felicidad con ternura.

Por favor alza tu vuelo a mi aeropuerto, y guardamos otra vez el secreto a tu hombre perfecto.

Cara de niña.

Tierno y salvaje

Hay un cuaderno de versos en mi recámara, situado cerca de mi copa de vino, está decorado con velas aromáticas, música de saxofón en el ambiente y un corazón enamorado esperando por ti.

Dejaste tus huellas en mi piel, y yo sin poderte olvidar.

Estoy intentando alcanzar el justo equilibrio entre lo real y la fantasía, y concluye en la idea que nunca fuiste mía.

Lo tierno y lo salvaje lo derrocho en soledad, me la paso todo el día, escribiéndote poemas con la mejor ortografía.

Por ti me he vuelto coleccionista de poesías, derrochando mi ternura en el papel al escribir, pero lo salvaje lo tengo retenido para soltar el lobo feroz sobre tu existir, cuando al fin me digas "sí"

Basta con una llamada para desafiar esta soledad punzante, porque con tu ausencia mi luna llena está en cuarto menguante.

Te confieso que tu silencio me hace decir malas palabras contra el reflejo, de un lobo tímido que veo en el espejo.

Le puse toda la pasión a mis escritos para seducir tu corazón, y ya perdí la inspiración, aun queda viva la esperanza dudando en ocasiones, pero tengo lo tierno en el ropero y lo salvaje en mi cama para devorarte cuando aceptes mis condiciones.

Dejarte decirme "sí" y callarte con mis besos soltando mis emociones.

Traviesa fantasía

Tengo celos de ser poeta.
Porque tú me gustas y quizá mis letras te gusten más que yo.

Estoy enredado en los renglones de mi poesía
Ocultando tu nombre y mí traviesa fantasía.

Y aunque lo tierno y salvaje ha sido un acto de mi autoría
Estoy dispuesto a dejarme esclavizar por el imperio de tus labios.

Un beso es suficiente para darme por servido.
Porque tengo la dulce sensación que ese beso que te pido
será el banderazo de salida de una nueva relación.

Este gran amor y esta obsesión, me están quemando el alma y corazón.

Tengo un pacto con mis principios de caballero.
Es ser tierno con tu presencia.
Más tengo un dilema con tu ausencia.
Te extraño tanto que al verte otra vez, mi instinto de devorarte con pasión, me roba la razón.

Y sobrevivo día a día,
con besos imaginarios y caricias inventadas de una traviesa fantasía.

Tu cruel adiós

Venus, me has dado suficientes razones para sonreír, en base a las experiencias de amor, vividas en nuestra burbuja secreta, y una sola razón injustificada para llorar todo un mar.

TU CRUEL ADIÓS.

Otra noche de copas, del vino de romanticismo derrochado en soledad.

Otra jornada donde desfilan tus recuerdos, bajando uno a uno lentamente por mis mejillas.

Otra sesión de lágrimas de hombre enamorado.

Justo en este momento cambia mi sentimiento, porque te amo más que ayer.

Mi amor por ti va encadenado a la verdad.

Soy esclavo de tu belleza y tu dulce manera de ser.

Estoy atrapado entre las letras de mis poesías y tu imagen de gran mujer, enamorado del amor, y aferrado a tu belleza.

Estoy en la disposición de amarte y con la duda que se clava en mis sentimientos porque no sé dónde encontrarte.

Tu juguete

No sé si es amor o costumbre, pero siento como si me estoy enamorando.

Ahora la intensidad de este sentimiento por ti, me tiene encadenado a tu juego seductor, me propongo olvidarte y cuando creo tener el control, se me escapa en un instante, basta con una llamada y en la aventura de una noche vuelvo a ser tu juguete que tomas, utilizas y guardas para otro día.

Me gusta.

Me satisface.

Pero me hace daño.

Mucho daño.

No imaginas las ganas que tengo de verte.

Este amor que siento por ti me está volviendo loco, y he aquí la raíz del problema, es una costumbre que me agrada tanto que estoy disfrutando mi locura.

Acá estoy mojando mis ansias en la copa de vino, toma el teléfono e invítame a hacerle compañía a nuestra amistad con derecho, sin derecho a enamorarse.

Por amor me haces parte esencial de tu cuerpo, alma y corazón.

Más por costumbre me guste o no, soy solo una opción.

Tu llanto

Déjame leer tu alma
Transparente como las aguas cristalinas
tal cual arroyo solitario en calma
reflejando las nubes argentinas.

Déjame beber tus tristezas
Déjame enjuagar tu llanto
Limando las asperezas
Cubriéndolas con un manto.

No fue posible estar contigo
Más mi alma no está distante
Déjame ser tu amigo
Ya que no puedo ser tu amante.

Tu nombre

Tengo un terremoto nivel diez en la escala de la lujuria.

Tengo temblores internos inevitables que corren de los pies a la cabeza, provocan el desborde del caudal de mi torrente sanguíneo, llegan bombeando el corazón y envían oxigeno a mi cerebro.

Con solo decir tu nombre.

En algún momento era yo, pero ya no tengo control de mí, me interno en el recuerdo de lo que nunca fue, nunca ha sido y pude ser.

Dama de hierro tú haces vibrar mi hombría, y tu imagen de gran mujer sigue clavada en mis ansias de conocerte toda.

Toditita.

Quiero conocerte y besarte, correr el telón y hacer poesías en tu piel desnuda a escondidas.

Yo era feliz sin tu imagen, yo era yo.

Y ahora que tu imagen de diosa pasa a ser parte de mi diario vivir, se ha derrumbado mi capacidad de razonar.

Te amo y no dejaré de hacerlo aunque le dediques mis letras a otro hombre, te amo aunque cubras tu nombre de las paredes de mi alma con un pretexto de amistad.

Una aventura llamada amor

Me levanto de madrugada con frio en el corazón, comenzó una aventura con mis mentiras, y se convirtió en amor con mis verdades, y ahora estoy enamorado de ti, y presiento que no podré controlar el dolor causado por tu ausencia, porque guardo cada instante de nuestra aventura llamada amor.

Estás en las gotas de agua de la fuente que una vez fue testigo del amor que te profeso.

Te extraño, y no intentes imaginar cuanto, porque te extraño más de lo que te imaginas.

Y me pregunto.

¿Por qué, enamorarse y tener una relación duradera, sin celos, ni reclamos, solo amarse y darse el mejor de los tiempos, no fue lo nuestro?

Tú y yo, no pudimos, y eso me da tristeza y me siento defraudado por mi mismo corazón; porque, ¿como pude enamorarme de ti, sabiendo que no ibas a controlar la reacción de esta relación?

Te amo luna

Extraño cada parte de tu cuerpo, tu sonrisa, tu frágil figura, tu olor y tu sublime canción de amor al fraguar nuestras pieles.

Mi vida está prendida en un hilo, no hay un instante que no te extrañe, te entregué mi corazón, lo coloqué en tus manos con mis sueños e ilusiones, lo tomaste y en muy poco tiempo hiciste con él, lo que quisiste, olvidando que tú estabas dentro.

No tengo excusa para justificar mis errores, más; en este preciso instante, solo desearía un viaje al pasado, comenzar de nuevo e intentar ser perfecto.

Extraño tomar café de la misma taza, que ya no sabe igual sin tu dulzura, la fuente de agua se ve sin vida, y el pasto no está verde, tengo ganas de buscarte y perdonarte, olvidar nuestras diferencias, y hacerte mía una vez más.

Yo ya estaba acostumbrado a ti, chiquita preciosa, tú eras la que robaba mi atención, pero me fallaste, no lograste controlar tus instintos de amor en celos.

Presiento que voy a llorar acá en silencio, y darme cuenta que tú eres la única que satisface mis deseos de ser amado, mi oasis de amor, la que me hace perder la razón hasta quedar sin aliento, y no poder expresar lo que guarda mi alma en este absurdo sentimiento.

Volvamos a vivir

Ahora que el mar está calmado, quiero decirte que tus celos y reclamos fueron un trago amargo, que me dispongo a beber cuantas veces sea necesario, si siempre será así de dulce y apasionada la reconciliación.

Esa guerra de celos que me hicieron estremecer y tambalearme, está siendo acariciada por mis ansias de poseerte.

Estoy disfrutando la reconciliación, y apunto de formar un huracán que arrastre mis ansias hacia ti, no me provoques a esta desenfrenada tentación, porque traigo el deseo lujurioso de hacer un castillo de ilusiones en la planicie de tu escultural cuerpo.

Venus, volvamos a vivir la experiencia y continuemos nuestra historia oculta, y vivamos nuestra amistad en el estrecho espacio que quedó cuando acerqué las paredes del mundo, dejando solo una burbuja secreta de amor a oscuras, donde solo cabíamos tú y yo, dejando afuera la crítica de los demás, pero buscando un espacio para entrar con la tentación de explorar lo prohibido.

Volvamos como ayer, que nos dábamos lo mejor de cada uno de nosotros, sin prejuicios, ni celos, ni reclamos.

Volvamos a comer del fruto prohibido, pero antes déjame saborear intensamente el néctar de la estrechez de tu conciencia fría, que quema y acaricia como el viento de invierno y húmeda como el otoño, pasando de perfume de primavera hasta convertirse en un eterno verano, que caliente mi descontrol.